LA VIDA SECRETA DEL CHUPACABRAS

de Megan Cooley Peterson

CAPSTONE PRESS
a capstone imprint

Publicado por Capstone Press, una impresión de Capstone
1710 Roe Crest Drive, North Mankato, Minnesota 56003
capstonepub.com

Copyright © 2026 de Capstone. Todos los derechos reservados. Ninguna parte de esta publicación puede ser reproducida ni total ni parcialmente, ni almacenada en un sistema de recuperación, ni transmitida de ninguna forma o por ningún medio, ya sea electrónico, mecánico, fotocopia, grabación o de otro tipo. sin la autorización escrita de la casa editorial.

Los datos de catalogación previos a la publicación se encuentran disponibles en el sitio web de la Biblioteca del Congreso
ISBN 9798875236457 (tapa dura)
ISBN 9798875236402 (tapa blanda)
ISBN 9798875236419 (PDF libro electrónico)

Créditos editoriales
Editora: Abby Huff
Diseñadora: Heidi Thompson
Investigadoras de medios: Jo Miller
Especialista en producción: Tori Abraham

Resumen: Las historias del chupacabras no coinciden sobre el aspecto de la criatura, pero todas coinciden en que a esta criatura escurridiza le gusta beber la sangre de los animales de granja. Los lectores pueden explorar todos los detalles misteriosos que rodean a este legendario críptido.

Créditos fotográficos
Alamy: Matthew Corrigan, 13 (chupacabra); Associated Press: Eric Gay, 28; Capstone: Matthew Stevens, 5, 9, 11, 15; Science Source: Jaime Chirinos, 17; Shutterstock: cynoclub, 6, Daniel Eskridge, 19, delcarmat, Cover (chupacabra), 7, 22, 27, Jeffrey Schwartz, 14, kersonyanovicha, 25, LynxVector, 22 (hat, mittens, scarf), Makkuro GL, 29 (mask), Maria Spb, 21 (chupacabra), Mr. SUTTIPON YAKHAM, 7 (wings), 13, mrkob, 20, Paolo Trovo, 12, Pascale Gueret, 26, Potapov Alexander, 29 (chupacabra), Radu Bercan, 23, worapatpong rattanapan, 21 (teddy bear), Yevhenii Chulovskyi, 22 (alpine scene), Yurlick, Cover (cone) elemento de diseño: Shutterstock: Kues, ONYXprj, Studio77 FX vector

Capstone no mantiene, autoriza ni patrocina los sitios web y recursos adicionales a los que se hace referencia en este libro. Todos los nombres de productos y empresas son marcas comerciales™ o marcas comerciales registradas® de sus respectivos propietarios.

TABLA DE CONTENIDO

Conoce al chupacabras **4**

Un críptido tímido **8**

¿Qué hay para cenar? **14**

Cómo ser un chupacabras **18**

¿Misterio resuelto? **24**

    Glosario **30**

    Sobre La Autora **31**

    Índice **32**

Las palabras en **negritas** están en el glosario.

CONOCE AL CHUPACABRAS

El chupacabras es un maestro del **disfraz**. Algunos dicen que parece un extraterrestre. Otros dicen que es como un perro sin pelo o un murciélago grande. ¿Le gusta al chupacabras disfrazarse? Pase lo que pase, siempre bebe lo mismo. ¡Sorbe sangre! Descubre más sobre este escurridizo **críptido**.

DATO
La ciencia no ha demostrado que los críptidos sean reales. Pero mucha gente cree que lo son.

¿QUÉ TE TIENE CABREADO?

¿Eres el campeón de todo lo relacionado con el chupacabras? ¿Conoces sobre el críptido lo siguiente?:

1. ¿Su altura?

2. ¿Envergadura?

3. ¿Color de ojos?

4. ¿Comida favorita?

BONO: ¿Qué le crece a la bestia en la espalda?

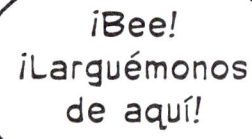

¡Bee! ¡Larguémonos de aquí!

RESPUESTAS

1. 4 a 5 pies (1,2 a 1,5 metros)

2. 8 a 10 pies (2,4 a 3,0 metros)

3. Rojo, negro o gris

4. Cabras

BONO: Púas o espinas

UN CRÍPTIDO TÍMIDO

Nadie guarda un secreto como los tímidos chupacabras. Se mantuvieron ocultos hasta 1995. Ese año, Madelyne Tolentino vio una figura fuera de su casa en Puerto Rico. Pero no había invitado a nadie. ¿Quién podría ser?

Un animal extraño estaba parado cerca de la casa. Medía aproximadamente 4 pies (1,2 metros) de alto. Se movía sobre dos patas. Tenía ojos grises y brazos largos. Tenía púas alineadas en su espalda. Madelyne gritó y la criatura se alejó saltando. ¿Tal vez el chupacabras solo quería visitarla?

DATO

Madelyne vio una película sobre extraterrestres antes del avistamiento. La forma en que describió al críptido coincidía mucho con el aspecto de los extraterrestres de la película.

CAMBIO DE ESTILO

Al chupacabras le gusta cambiar de estilo. En muchos avistamientos, la gente dice que es como un perro sin pelo. Camina sobre cuatro patas. Un **hocico** largo y **colmillos** afilados completan el aspecto.

En otros informes, el chupacabras vuela con alas de murciélago. Saca una lengua bífida.

¿QUÉ HAY PARA CENAR?

Hazte a un lado, Drácula. Hay un nuevo **vampiro** en la ciudad. El chupacabras tiene una dieta asquerosa. ¡Chupa sangre!

Pero no sirve cualquier cosa roja. Este críptido se alimenta de animales de granja. Su fuerte sentido del olfato lo ayuda a rastrear la cena.

OLFATEO
OLFATEO
OLFATEO

COMEDOR FURTIVO

El chupacabras bebe sangre de ovejas, cerdos y vacas. Pero, ¿cuál es el antojo que encabeza su lista? ¡Cabras!

El chupacabras se cuela en las granjas. Se alimenta de muchos animales en un instante. Sorbe su gran comida. Luego sale corriendo antes de que lo puedan atrapar.

> **DATO**
> Por ese antojo le llaman el "chupacabras".

CÓMO SER UN CHUPACABRAS

Ser un chupacabras no es fácil. Sigue una serie de reglas:

- No estar en el centro de atención. Salir de noche.

- No se permite hablar. En su lugar, hacer un sonido sibilante.

- Echar un olor desagradable si la gente se acerca. Luego huir.

Los chupacabras tienen gustos y disgustos. No soportan las luces brillantes. Los faros delanteros o una linterna los harán correr.

Pero les gustan los juguetes. Un **testigo** dijo que un chupacabras metió la pata en su ventana abierta. ¡Le robó su osito de peluche!

¡Qué falta de educación!

VIAJEROS DEL MUNDO

Los chupacabras pueden vivir en casi cualquier lugar. Les gustan más los lugares cálidos. Disfrutan del calor de Sudamérica. También les gusta el sur de los Estados Unidos. Pero se los ha visto en lugares más fríos. El chupacabras ha aparecido incluso en China y Rusia.

¡Esto es basura!

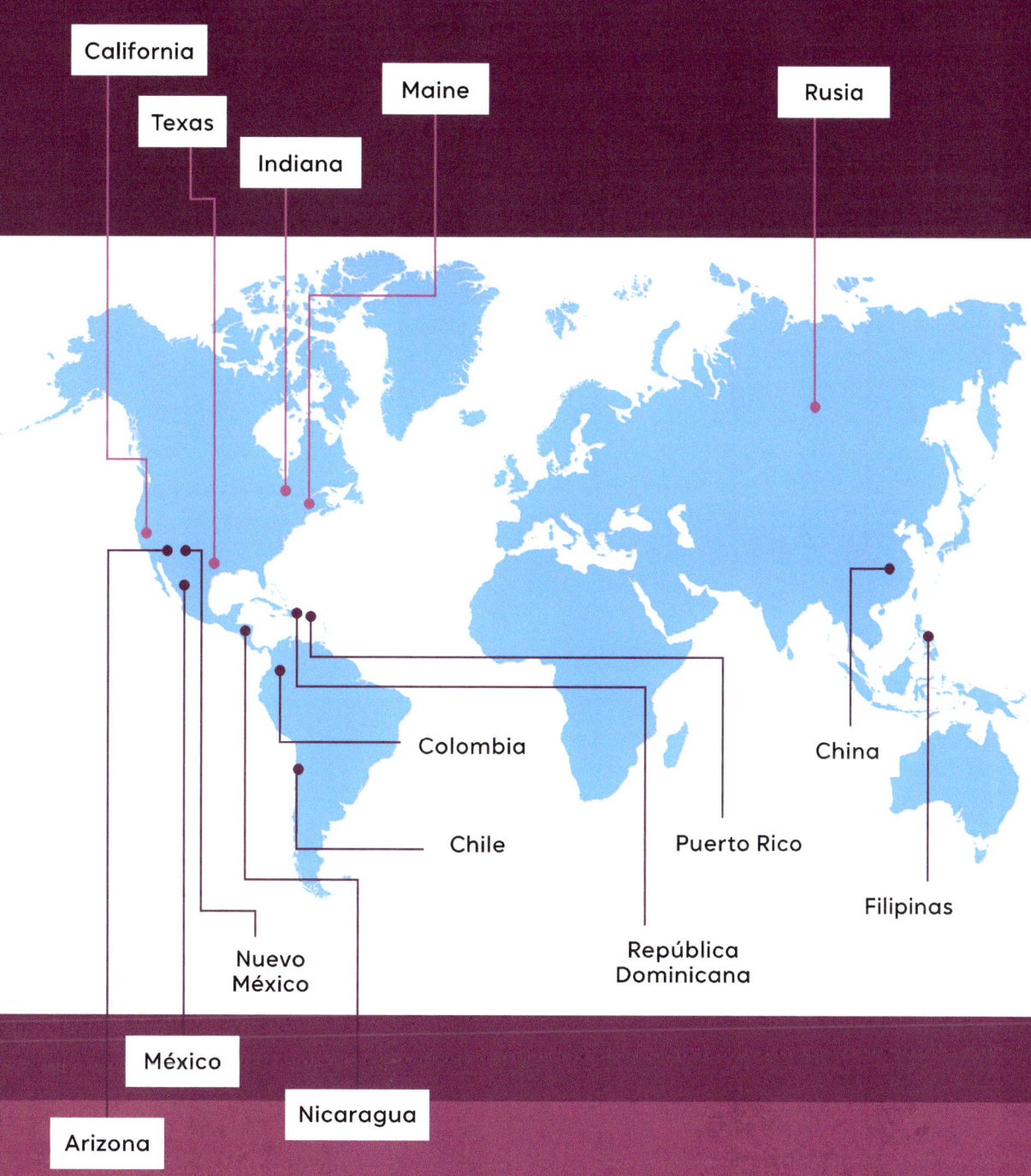

¿MISTERIO RESUELTO?

Puede que los chupacabras no ganen ningún concurso de belleza. Pero, ¿qué son exactamente? Algunas personas dicen que los chupacabras son extraterrestres. Los testigos han visto criaturas grises, sin pelo y con ojos oscuros cerca de **ovnis**. ¿Te suena familiar?

Otros piensan que los críptidos provienen de nuestro propio planeta. ¡Dicen que el gobierno de los EE. UU. fabricó chupacabras en laboratorios!

¡Siéntate, Fido! El chupacabras podría estar relacionado con los perros domésticos. Algunos científicos dicen que el críptido es un coyote. El animal simplemente tiene un problema de piel llamado **sarna**. La sarna hace que se caiga el pelo. También puede hacer que la piel se vea seca y con costras.

¡Vaya! Jerry ha cambiado mucho.

FOTO FAMOSA

En 2007, Phylis Canion encontró una criatura muerta cerca de su rancho de Texas. La cosa tenía piel gris azulada. Dientes afilados llenaban su boca. Phylis dijo que era un chupacabras. La foto que tomó se hizo famosa.

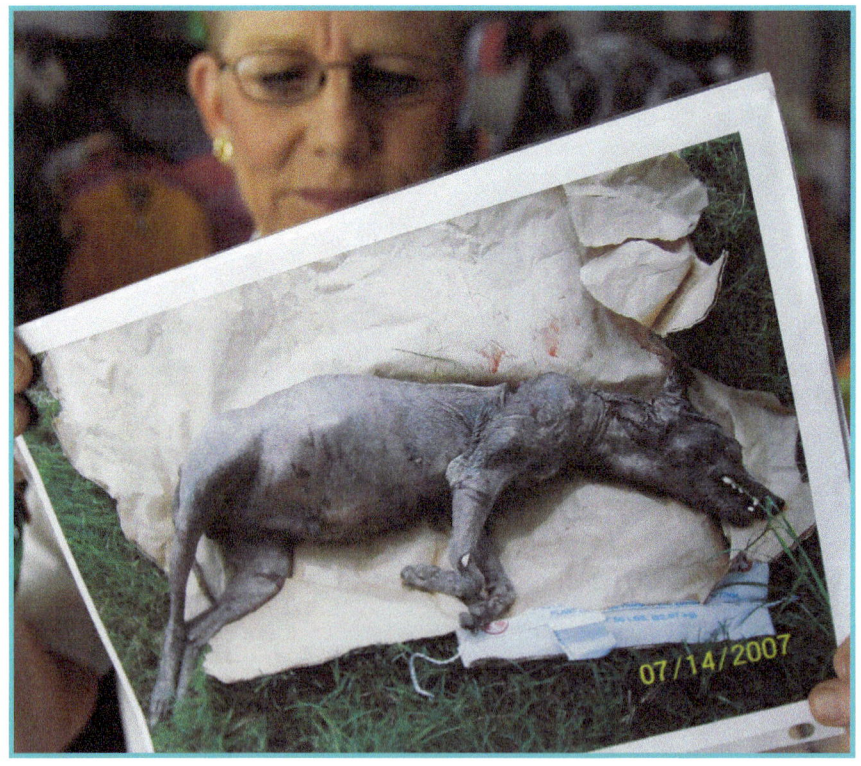

¿Finalmente descubrió el secreto del chupacabras?

GLOSARIO

colmillo (col-MI-llo): un diente largo y puntiagudo

críptido (críp-TI-do): un animal cuya realidad no ha sido probada por la ciencia

disfrazarse (dis-fra-ZAR-se): el acto de cambiar la apariencia para ocultarse o no ser reconocido

hocico (ho-CI-co): la parte delantera y larga de la cabeza de un animal que incluye la nariz, la boca y la mandíbula

ovni: un objeto en el cielo que se cree que es una nave espacial de otro planeta; ovni es la abreviatura de objeto volador no identificado

sarna (SAR-na): una enfermedad de la piel causada por ácaros que provoca picazón, pérdida de pelo y piel con costras

testigo (tes-TI-go): una persona que ha visto u oído algo

vampiro (vam-PI-ro): de los cuentos, una cosa que bebe sangre de los vivos

SOBRE LA AUTORA

Megan Cooley Peterson ha sido una ávida lectora y escritora desde que era niña. Ha escrito libros infantiles de no ficción sobre temas que abarcan desde leyendas urbanas hasta datos asquerosos sobre animales. Vive en Minnesota con su esposo, su hija y su adorable gatito.

ÍNDICE

alas, 6, 12

apariencia, 4, 6, 7, 10, 12, 28

avistamientos, 8, 10, 12, 21, 22, 23, 24

cabras, 6, 7, 16

Canion, Phylis, 28–29

caza, 14, 16

coyotes, 26

dieta, 4, 6, 7, 14, 16

extraterrestres, 4, 10, 24

fotos, 28

hogares de, 22

miedos, 18, 20

nombre, 16

olores, 18

ovni, 24

perros, 4, 12, 26

sangre, 4, 14, 16

sarna, 26

sonidos, 18

Tolentino, Madelyne, 8, 10